JN410955

바람이 길을 묻는다

바람이 길을 묻는다

초판 1쇄 인쇄일 2017년 11월 6일
초판 1쇄 발행일 2017년 11월 10일

지은이 구준양
펴낸이 양옥매
디자인 임흥순
교 정 조준경

펴낸곳 도서출판 책과나무
출판등록 제2012-000376
주소 서울특별시 마포구 방울내로 79 이노빌딩 302호
대표전화 02.372.1537 **팩스** 02.372.1538
이메일 booknamu2007@naver.com
홈페이지 www.booknamu.com
ISBN 979-11-5776-490-7(03800)

이 도서의 국립중앙도서관 출판시도서목록(CIP)은 서지정보유통지원 시스템 홈페이지(http://seoji.nl.go.kr)와 국가자료공동목록시스템(http://www.nl.go.kr/kolisnet)에서 이용하실 수 있습니다.
(CIP제어번호 : CIP2017028947)

바람이
길을 묻는다

구준양 시집

책과나무

• 머리말 •

태어난 날
뜨거운 태양이 들에 핀 꽃을 만지고 있었다.
산통이 끝나는 순간
탯줄은 영양분을 끊고
울음을 멈추는 초유로 사랑을 먹고
새끼줄에 빨간 고추를 마음으로 매다셨다.

뛰놀던 터
전깃줄에 앉은 참새 아침 인사를 해도
졸린 잠자리
빨랫줄에서 머리를 끄덕여도
비포장 길에 핀 코스모스가 웃어도
엄마의 그리움은 내 맘속 글 바다였다.

살아가는 곳
조금 여유도 없는
새벽 총성에 하루를 달리고

그 굉음에 올라탄
부서질 것 같은 한 몸
기댈 어둠은 불빛이 외면하였다.

삶이 아파 올 즈음
내리는 그리움
펼쳐진 향수(鄕愁)
불어오는 정(情) 꺼내
시와 손잡고 걸어가는 먼 길
편하게 걸을 수 있었다.

어머니 아버지
그리고
고향
그곳은 지금도
마음이 숨 쉬는 고요한 그리움이 시를 쓰게 한다.

• 목차 •

1부
오늘 살고 있음에

2부

세월의 지문

3부

빛나는 별 하나를 위해

4부

하늘도 목을 축인다

5부

가을이 가려 합니다

6부
바람이 길을 묻는다

1부

오늘 살고 있음에

봄을 보는 마음

갈래갈래 갈라진
입술 아래
아픔은 보이지 않아도

마음을 감싼
상처 딱지 속
찢어진 얼룩 보이지 않아도

흔들리는 가지
지나가는 바람 꼭 잡아
얼음꽃 피워도

아프다고 말하지 않고
시리다고 울지 않는
철든 걸음 앞에 눈이 부셔 오고

방황의 끝을 씻는 겨울비
봄을 보는 마음에
눈이 되어 쌓인다

눈이 기억하는 일기장

커피콩 볶는 향기
엘피판 긁힌 음악
거리 깨우는 가로등에 녹아
발등 붙잡는다

풋풋한 대지에 내린
어제 온 이슬비
안개가 되어
길바닥에 취해 있고

바람의 입술로
귓가 스치는
작은 단어 휴지처럼 쌓여
반항의 사춘기 된다

쉬일 것 같았던
청춘의 시든 내음
핑크색 그림으로
가슴에 요동치고

기다리던 새벽
곱디고운 당신
눈이 기억하는 일기를 쓴다
내일 비가 지우더라도

오늘 살고 있음에

허우적거리며
그 많은 시련
거칠게 앓은 몸으로
순응해 가며 살아왔던

내 안의 색채
무채색이 될 때
세월이란 무겁던
옷 한 겹 벗고
나이테 하나 몸에 두른다

조금씩 바래는 색깔
살아가는 날들이
욕심에 초연해지고
미련도 후회도
내 안에서 사라질 즈음

살아가기 위해
흔들리던 마음도
비로소 시간을 놓는다

세월이 여유롭게 앉아
배긴 삶을 개는
주름진 두 손도
노을 지는 편한 여운으로
위로를 한다
오늘 살고 있음에

중랑천 장미 축제

장미들 곱디곱게 널브러진 중랑천 변
바람이 만지는 손길에 미소로 고개 흔든다
너는

시베리아 벌판 쌓인 눈 홀로 이기며
바람으로 사랑 좇아 하얀 꽃 되었느냐
너는

저 먼 몽골 초원 달리던 칭기즈칸 말발굽에 밟힌
피비린내 타고 붉게 물들었느냐
아프로디테가 아도니스를 사랑한 것이 죄이더냐
너는

붉은 얼굴 좋아서 하얀 얼굴 좋아서 그렇게 오랫동안
싸우며 잉글랜드 들판에 타협의 노란 눈물 뿌렸느냐
유유히 흐르는 중랑천 저 물 변하지 않았는데
저 높은 파란 하늘 변함이 없는데
너는

빨간 머리 하얀 머리를 가졌구나
노란 모자 쓰고 있구나
세월 속으로 들어와 순응하며
살아가는 숨소리 거칠게 들려도
세상 밖 뛰쳐나가 앙상한 가지에 가시 말라 가도
한 송이 꽃으로 다시 피어나
거친 벽을 정원으로 만드는 아름다움이 그래서 좋다

그 벽 거닐고 있는 나는 너의 연인

어떤 하루

여기 어떤 하루가
인생의 방관자처럼
넝마 지고 누워 있다

구르는 세월에 기댄 채
불어오는 바람 추워도
돌아갈 줄 모른다

별 내리는 길
동행한 잔소리
눈치 없이 곁눈질로 꾸짖는다

저기 어떤 하루는
시계 괘종처럼
시간을 잡고 걸어간다

다가온 해를 안은 채
뚝뚝 떨어지는 햇살
두 손으로 모은다

해가 오르는 들
하품하는 열매가
탐스러운 허기를 채운다

화면에 비친 누군가의 모습처럼

어무이

미소가 머문 얼굴은
그리움 여운
바람을 타고 왔음이다

희미한 연기가
보고픔 눈에
이슬로 기어이 앉아

보듬은 가슴이
그토록 애원하며 만진
마음의 기도

들리지 않는 천상에
목 놓아 불러 봄은
지금 사무치게 그립기 때문이다

어무이!
파란 하늘에
구름 이불은 따뜻하신가요

아부지

해질녘 발길이
일어난 자리
어둠 내리고

손잡고 앉아
머리 기댄 눈에
당신 내음을 봅니다

묵직하고 단호하며
온화하고 인자했던
뒤섞인 그림자

이제 당신 자리에
바람이 앉아
낙엽이 어깨 만집니다

지나간 자리
빈 흔적만이
뚜벅 걸음 말동무하며

지금 알았다

세상이 수줍어
떠난 자리 초라해
웃고 있지만
홀로 두려워 울며
감아 버린 눈
빗물로 씻을 수 없음을
지금 알았다

뒤에 숨어
설렘이 춥다고
심장 뛰박질할 때
너무 밝아 부끄러워
그림자 만든 것을
지금 알았다

예쁜 꽃잎에
가장 찬란한 빛으로
세상 비춰도
따스한 미소가

어둠 거두는 얼굴인 것을
지금 알았다

그토록 아파하며
빵 반죽에 꿈틀대는
곰팡이 발길
길 찾고 나서야
길 잃었다는 것을
지금 알았다

무심코 잡아 본
너의 손
이렇게 따뜻한 줄도
지금 알았다

엄마 얼굴

넘어가는 석양
쓴 입맛 재우고
하루 의자에 앉아

여유가 말하는
책장의 유희
기억 만지니

종이 위에
손으로 쓴 내음
소복소복 쌓여

구겨진 머릿결
따스한 손짓으로
나의 이름 불러 준다

아! 그립다
세월 주름에
입꼬리 올라간
활짝 웃는 얼굴이

쓰지 못한 물음표

텅 빈 가슴에
스치는 바람
그리움 데우고

소곤거림 붙잡아
차갑게 울어 버린
애타는 글 밥은

얼굴이 말하는
한편 글 속
쓰지 못한 물음표

아련한 연가
지나간 시간 앞
해맑은 창가에 색이 바랜다

구름 오기 전에
말려야지
널어놓은 그리움도

구름이 섞여 있으면 어떤가

작은 골목
돌아 서 있는 표지판
비 맞는 소리 서러워 보인다

한길가
당차게 화장한 이정표
해 보는 표정 외로워 보인다

외딴 길
손글씨 안내문은
서럽고 외롭지 않겠는가

내가 보는 것
넌 볼 수 없고
네가 가진 것
난 가질 수 없듯
서럽고 외로운 것 어찌 너뿐이랴

비 오면 해 그리고
해 보이면 고개 들고
두 팔 벌려 파란 하늘 안아 봐

구름이 섞여 있으면 어떤가
그것이 삶인 것을

구절초

구름 허리 휘감고
하늘 만지는 바람이
서산에 노을 던져 놓는다

바라보는 눈가
상염의 잎새가
한 잔 술에 여울지고

요란한 삶 소리에
고독한 미식가가 올려놓
오늘 한 조각

욕망의 등 뒤에서
혓바닥 문지르는 술잔에
하얀 꽃잎이 그리움마저 띄운다

어쩌랴
젖어 가는 세월
그냥 바라보는 구철초가
내 마음인 걸

없다는 것을

길 하나
검은 아스팔트
등에 지고
토끼풀
옆구리 끼고
벌린 두 다리 이정표가
없다는 것을

인간 하나
포만감 가득한 욕심
배 채우고
한 권 책
손으로 잡은
아픈 심장에는 감성이
없다는 것을

태연한 척
웃음 짓는 들꽃은 안다

/ 2부 /

세월의 지문

양은 냄비

양은 냄비에
라면이 끓고 있다

자정 넘어 밤 깊어 가는데
버림받은 낙엽
흩어지며 외로이 떨어진다

찬 기운이 옆구리에 머물고
가로등 붉은빛
라면 국물에 빠진 그리움
한 올 한 올 건져 올린다

폭풍처럼 밀려오는 매콤한 시름
혼자서 호호 불다
도미노처럼 쓰러지면

찬밥 한 덩어리 집어넣고
숟가락 하나로
쓸쓸한 밤 휘휘 젓는다

몸은 불면을 쌓아 가고
벌레 먹은 낙엽 더 붉게 익어
어둠에 홀로 날려 가고

외로운 가로등 머리에
솜사탕 하얗게 내려앉으면
양은 냄비를 비운다

엄마 얼굴 담으려

공중전화

목소리 너머 들리는
가슴 조여 오는
동전 떨어지는 소리

쪼그리고 앉아
귀가 잡은 수화기
사랑이 싹 틔우고

긴 줄 기다림
밀려오는 눈치
고개 숙인 막연한 숨죽임

멀고도 가까운
가깝고도 먼 속삭임
겹쳐져 보이는 아쉬운 얼굴이다

사각 상자 말없이 서 있고
바라보는 눈길
옛 생각 만진다

넌 몽당연필, 난 지우개

뭉개진 머리여서
쓰다듬어도
웃을 수 없다

작아진 키
안아 준들
기쁠 수 있겠는가

눌러 뭉개지고
닳아 작아지며
계산 없이 모두 주고 초라한

말하지 않아도
알아 버린
버려질 시간

그냥 두면 안 될까
안경 놓인 누런 공책에
누워 있는 몽당연필

빛 들면 고개 들어
누군가의 마음을 보겠지
지우개 손잡고

엄마 생각

생각이 아프도록 그립다
껍데기를 깨고
날개 펼치며
차갑도록 시린 새콤함
소름이 돋는다

뒤집어 선 하늘
맨살에 떨구는
어지러운 그리움
흐르는 시간에 올라탄
얼굴 가린 물방울
순수하게 눈부신 백옥 같은 심장은

오늘도 얼마나
하늘을 껴안아야
비비다 스러진 마음
흔들어 깨울 수 있을까

초록 물든 들
생각이 걸어가고
구름 잡은 목소리는
그리움으로 내린다

세월의 지문

세월이 떠나가려고
거친 앓는 소리
붉게 토하고 있다

노을 가슴에 이고
별빛 눈으로 물고
시간 만지는 저 나무처럼

이파리 하나
가을 부르며
내려앉은 바닥

쌓여 가는 기억
지나온 길에 머물다 가는
갈색 숨결만 가득하다

세월의 지문이여
한때 가슴 뛰던
새싹은 어디 갔나

우체통

흐르는 구름
입에 넣고
기댄 그리움

지난 시간
발등에 내려
표정을 채운다

꽃 피는 연필로
별을 따는 손
색동옷 펼쳐져

마음 걸친
눈 껌벅이는 소리
외로움 걷고

밤 깨운
너의 메아리
그림자에 숨는구나

얼룩진 눈
어제를 입고 온 마음
우체통에 꼼지락거린다

휘몰아치던 청춘

지금까지 걸어온 길에
어떤 행운 어떤 요행도
천사 날개 타고
하늘에서 날아오지 않았다

가장 참되고 진실된
자기 고통의 깊이를
뚫어지게 응시한
자연스럽게 익은 열매였다

진실이 어디에 있는지
스승은 누구인지 몰라
헐벗고 누추해 버려진 황무지
목마름은 당연함이었고

곱게 앉은 꽃향기에
취해 보는 소박하고 사소한

위로와 위안
부질없는 사치였다

무작정
밤의 어둠 더듬었고
막연하고 혼란스럽게
숨겨진 길 열어야 했지

잎은 찬란한 빛 보며
또 다른 색깔로 변해 가고
솟아나던 아름다움
벌써 반환점을 멀리 지나와 있다

휘몰아치던 청춘
이제 바람에 흔들리고
진과 선과 미는
노을을 기대고 있다

기관차

어둠 깔린
밤을 태운 너는
가는 곳이 어디인가

이정표 사라진 터널
거침도 없이
희미한 감정조차 느낄 틈도 없이

발 구르는
엉뚱한 변명
거친 생각 앞에 부서지고

울지 않는 그 울음
꺼져 버린 나팔의
멈추지 못한 아픔

적막한 하늘
속삭이는 별 보며
천천히 숨 한번 쉬어 보자
기적 소리 들으며

등대

부릅뜬 눈
감을 줄 모르고
오늘도 누굴 기다리나

달콤한 추억도
쓰라린 과거도
모두 가슴에 묻고

망향의 눈빛은
움켜쥔 어둠
멍하니 가를 뿐

바람 흔들어도
가슴이 두드려도
묵혀 놓은 말 삭히며

잠자는 숨소리마저
얼굴 쓰다듬은 눈길
당신의 품

변하지 않는
그윽한 눈빛
한 번 더 보고 싶다

나는

서점에 쌓여 있는
많은 책 중 한 권이기보다
서재에 비스듬히 꽂힌 책이고 싶다

책장에 서 있는 책이기보다
손에 들린 짧은 단편이고 싶고

책상 위 누워 있기보다
펼쳐진 책 속 한쪽이고 싶다

무한 고통을 이겨야 하는
너를 품은 가슴으로
아픔 읽어 주고

무관심 속에 묻힌 너를
마음으로 붙잡아
이야기 써서

나무기둥 썩어 가는
뒷골목 헌책방
먼지 쌓인 책이 될지라도

마음 얻고
가슴을 만져 주는
한 장 종이에 글로 남고 싶다
빗방울 떨어져 얼룩이 진다 해도

어울려 빛어내는 삶은 다르다

눈 내리는 밤
바람이 달빛 붙들고
길게도 칭얼댄다

살아가는 방식으로
분풀이하듯 투정부리며
아프게 애원한다

까슬까슬한 지문 깊숙이
통증의 두께
막힌 혈관 터질 듯 솟고

달빛 가린 눈발
무겁게 걸어가는
다른 길에 난 발자국 지우며

사라진 달빛 하나
사소한 흰 눈이
어울려 빚어내는 삶은 다르다

애써 지우려 하지 말자
서러워 추운가
어두워 춥기도 하니까

어디서 무엇을 하고 있나

내 눈앞에 먼저 지나간
예쁜 바람
지금 어디쯤 가고 있나요

당신 바라보던 그 바람
빈 들에 봄비로 내려와
하얀 갈대 깃 쓰다듬으며 가고 있습니다

내 마음에 머물다 가 버린
애달픈 구름
어디서 무엇 하고 있나요

바람에 찢어진 구름
조용한 뜰 봄 햇살 되어
마른 이파리에 입 맞추고 있습니다

당신 바라보던 바람
구름 찢어 단비로 내리고
구름은 아지랑이 만나
봄 마당 햇살로 춤추고 있습니다

당신 바라보는
지금 내 마음
잔잔한 노래 되어
아지랑이 닮아 가고 있습니다

/ 3부 /

빛나는 별 하나를 위해

그리움

곁불 쬐는 어둠
노을 밀어내니
따스함은 어리광 부린다

깊은 고요와
떠도는 말들이 거니는
꿈길

검은 밤 가른
그리움 통증은
희망마저 태우고

고독 찬 마음으로
길 묻는 별빛
편지 하나 툭 던져 놓는다

시린 그리움
바람 부는 하늘에
순한 여운만 남긴 채

그래서 참 다행이다

가끔은 체온 나누는
마른 나뭇가지가
아가 아장걸음으로
얄궂은 풍경에 입 맞춘다

희미한 허공에 하늘은 졸고
부옇게 눈 가리며
앞서가는 걸음 뒤
따라오는 시큼한 냄새

온통 속물이라
하늘이 타박해도
맞장구치며 웃음 묻은 동행
조각구름이더라

회색이 멀리서
여전히 꼬리 흔들고

한 움큼 잡아 본 세월
골 깊은 손금만 남긴 채
어딜 간단 말인가

일상에 기대어
눈감고 하늘 보니
몰려온 졸음 코 고는 소리 잔잔하다
그래서 참 다행이다

첫 마음 같이

바람이 그물에 걸려도
해가 돌담에 부딪쳐도
매몰찬 밤 코 곤다 해도
당신께 가렵니다

험한 언덕 하늘 막아도
허접한 울타리 바람 안아도
등불로 밤을 밝혀
당신 보렵니다

빈 들판 하얗게 물들어도
앙상한 가지 위에 핀
눈꽃 되어
당신 웃게 하렵니다

별들이 뿌려 놓은
아름다운 선율 위

세상에 하나뿐인 해처럼
당신과 걸어가렵니다

지금 이 순간도
첫 마음 같이

당신을 위해

넋 나간 어둠 꾸물대고 있다
비련의 주인공 된
거짓말하는 밤은
토막 난 하루 또 자르고

백열등 불빛으로 반항하는
작은 밥상 위
하얀 고봉밥 김 뿜으면
나는 그 위에서
참말을 쓰고 싶다

불완전한 형상 조각
시계 뒷걸음질로
허접스런 단어 다듬으며
평범하게 주무른
기억 속 어느 날

쓴 소주처럼 가슴 훑고
입술 부르트도록
세상 물은 몸
막걸리 당기는 것 기억한다

고봉밥 비워진 빈 곳
하얀 밤을
여분으로 남기고
포근하게 껴안아 시를 짓고 싶다
당신을 위해

그네 의자

해 뜨는 뜰
담 넘은 파란 하늘
그네 의자에 앉아 있다

홀로 누운 마당
낙엽 한 잎 두 잎
바람에 흩어지고

얼룩진 자리에
홀연히 떠나고 남아 있는 여운과
나 닮은 낙엽

모은 두 손에
따스한 입김 불며
기도하는 소녀의 기다림

배고픈 온기와
외로운 언어는
가을 햇살에 입 맞추며

쉴 곳 찾아 뒹구는 단풍
은행잎 손잡고
그네 의자와 소곤댄다

가슴앓이

비처럼 내리던
예쁜 아픔
마음 저편에 쌓인다

어둠 뒤적이는
눈동자 뒤
숨어 있는 희미함

덧붙인 열병
다독이며 안아
상한 가슴 재우며

혼자여서 들린
흐느끼는 촛불
밤에 피어 더 아프다

고요의 허공

한 점 불빛

눈물이 말하는 가슴앓이

막차

아침 구김살
막연하게 다가와
세수하는 생각
무겁게 흔들어도
혼자 아파하지 마시게

거울에 비친
초췌한 얼굴 불안하고
옷 입는 마음 울렁거려도
혼자 외로워하지 마시게

영혼이 해 보고
발 디딜 때
환한 미소가 오고
달 보고 문 닫으면
긴 빙벽 녹아

바람같이 방황하며
갈대처럼 흔들려
자유롭게 살 수 없는 것
인생인 것을

조금 늦은들 어떠한가
막차에 올라
손 한번 흔들어 보시게
꼬불쳐 놓은 내일을 위해

깨지 않은 새벽을 위해

가난한 아낙의 새벽 노래
와락 다가와
누워 보지도 못한 아침 벌써 발길 옮기고

몸서리치며 몸 비비는
언제라도 바람 타고 올 것 같은
웅크린 따스함

남루해진 마음
물 적신 긴 머리 손으로 짜
땅끝으로 떨어지는 울음만큼
내 어둠의 심장 얼음처럼 차갑게 내린다

먼 길 온 목마른 그대
헐벗은 나의 골짜기
하나도 남김없이 씻어 주오

시간 속으로 걸어가는

떨리는 발소리

깨지 않은 새벽을 위해

당신의 기도

당신의 기도는
당신 위한 기도가
아니었습니다

나를, 아니
우리들을 위한
기도였습니다

무릎 짓누른 칼바람
뼈을 울리는 아픔
하얀 입김 파란 입술 덮고

당신 두 손이 낳은
대답 품에 안고
머리 묻어 봅니다

문득문득
뒷덜미 조여 올 때마다
여전히 식지 않는
열기를 느끼며

웃고 있습니다

어둠의 문
세상이 눈 감고
잠잘 때 소리 없이 닫힙니다

삶의 어둠
인기척 없이 들어와
내 밥솥 불을 끕니다

마음의 문
사랑이 눈 감고
보이지 않을 때 잠깁니다

살며시 내려온 사랑
세상 그 누구의 마음에
온다는 기약 없이 왔습니다

지친 기다림
흔적 없이 눈을 뜰 때
잠시 머물다
조용히 스며든 아침
훌훌 털며 웃으라 합니다

아무 말 하지 않는 내일도
웃고 있습니다

내게로 다가온다

창문 창살 타고 웃다
호박 끝에 붙어
시들어 버린 노란 꽃이여

어질러진 마당 쓸다
담벼락 몸 기대고 선
닳아 버린 싸리비여

무 머리 푸른 이파리
처마 밑 빗줄을 잡고
말라 버린 시래기여

누구도 거스르지 못한
잡을 수 없는
머무르지 않는 안타까움이여

엄마의 시간이고
아버지 시간 같았던 세월
내게로 다가온다

가끔 우리는

어디에선가 귓전
울린다

무의식적으로 고개
돌려 본다

왕방울 눈에서
투명한 이슬 뚝뚝
떨어진다
아기 울음이었다

가끔 우리는
가식 없는 눈물
흘리고 싶을 때가 있다

혼자서
누구의 품에서

넓은 어깨에 기대
샤워기 틀어 놓고

아기 울음보다 더 순수하게

4부

하늘도 목을 축인다

초대장엔 웃음꽃이

천지에 던져진 꽃들
춤 잔치를 한다

하늘이 뱉은 음정에
고개 흔들고
자연스러운 표정
구름은 바람으로 연주하는
노래 즐긴다

살아온 어제도
살아가는 오늘도
해를 훔친 달 보며
앞산 머리에 올라탄
해 보며 연신 웃는다

뭉친 어깨와 저린 팔
춤사위로 풀며

탁해져 가는 목소리
단비가 적시고
지나가는 바람의 노래
꽃잎에 앉는다

춤추는 꽃들이
정겹게 이름을 부르며
잔치에 초대한다
그 초대장 적은 내 이름에도
웃음꽃 피어 있다

하늘도 목을 축인다

엄마 고운 얼굴
그리워하며
올려다보는 마음이
얼마나 아팠길래

힘 잃은 가지 끝
연한 살결
목이 타 울부짖는 소리
얼마나 답답했길래

한 모금 젖줄
깊이 빨아먹는
어린 아기 입술에
푸른 이파리 솟고

검은 눈 시리게
갈증 삼킨

단비 맞은 몸짓으로
던져 준 얼굴에

물보라 일으키며
흘리고 가 버린 봄비는
애타게 기다리던
너무나 적은 엄마의 사랑이었다

그늘

툇마루 뒤편
주름진 한 사람
말없이 서 있다

익어 가는 얼굴에
드리운 미소
물 적신 마음 머물고

보일 듯 보이지 않는
구름 뒤 별들

먹먹한 가슴
다정스레 앉아
근심 뿌리에 수를 놓는다

입 모아 불러 봐도
귓가 메아리는
지나가는 바람 소리

그늘에 앉아
막걸리 한 사발 들이켜고 싶다

해거름

등진 소리 무거워
구수한 숭늉이
다듬질로 세월 두드리고

먼지 묻은 햇살
노래하는 얼굴 뒤에
보일 듯 말 듯한데

우두커니 바라본 노을을
무슨 이유
무슨 핑계로
만질 수 있을까

몰래 온 함박눈처럼
잠 오는 창가
설익은 밥내를 저녁이 보내온다

외투 벗고 외로운

나무 그림자만

해거름에 희미해져 간다

주전자 속엔

그날의 주전자 속엔
쟁기 소리
출렁이는 고된 파고를
갈아엎고 있었다

외로운 들판
삶의 멀미가
귀먹은 들꽃으로
시들어 늘어지면

오래지 않아
햇빛으로 그을린
마른 억새잎 얼굴에
내리는 소낙비

한 점 서러운
눈물방울 숨기며

생의 이력
탁배기 한 잔으로 씻는다

밭두렁에 앉은
배고픈 새끼 새도
울고 있다
오늘 주전자 속에서

그림 그리기

노란 의자 둥근 탁자는
시간의 영상을 버리고
한데 바라보는 휴식 친구이다

창고에서 꺼낸 종이
식은 잠 깨우는
흑연 검은 소리로

삐죽 튀어나온
구겨진 도화지 한 면
하얀 새치 하나 지우며

잔주름 희미한 눈가
보석보다 선명하게 그린
맑은 눈동자

흐르는 한 점 물방울
내 손으로 닦아 웃게 하리라
기억이 살아가는 날까지

노란 병아리 날갯짓

어느덧 가까이 더 깊숙이
채워지듯 타들어 가서
말라 가는 시간

인정머리 없는
타락의 정서와 공감은
꽃이란 이름으로 피고

낯선 단어와
거친 언어로
여린 민낯에 칠한 수식어들

말없이 다가오는 선택은
생각의 의문에
흑과 백 강요하는

온통 위선인 그 작업대에도
등 두드리는 물 한 모금
군더더기 없는 따뜻한 위로가 된다

생각이 아픈
노란 병아리의
어미 찾는 날갯짓

바람이 부는 날

바람이 부는 날
내가 몸 움츠리고
누군가를 그리워할 때

구름은 눈물 머금었고
꽃봉오리
하늘 보며 해를 그리워하고 있었다

흩날리는 이슬비
주름진 얼굴과
둔탁한 목소리마저 적시고

희미한 기억
꺼질 것 같은 산천에
잠이 든 어둠처럼

아까운 시간만
흘려보내며
어디 숨어 있단 말인가

시퍼렇게 날뛰던 심장
아직도 머리 흔드는
청보리의 출렁임 같은데

아직도

아무도 모르게 취한
울컥한 구름
비밀스럽게 눈물 흘린다

오늘은
쪼그라드는 날숨
괜스레 길목에서
얼룩진 창문 바라보며
눈이 낯선 말들을 뱉는다

길 잃은 전단처럼
버리고 가 버린 시간
문 닫은 백반집 앞
발바닥이 적어 놓은 이름

아무지게 붙들고
시대를 핑계로

가렵다 몸부림치지만
핏대 토하는
가물가물한 기억 앞에
갈 길을 잃어 간다

언젠가
한번은 와야 하는 이 길
불빛마저 희미하게
허물어져 가지만
아직도 피는 뜨겁게 끓는다

바람 부는 언덕에 앉아

말에 취기가 올라
눈물 젖은 희망
빵을 말할 때
밝아 오는 빛 속으로
새싹이 발길 재촉한다

어디론가 가야만 하는
바쁜 물오름
발등에서 요동칠 즈음
생존 위해
어리석은 겉옷 벗고

잘 길든 웃음
살짝 기운 입술
어루만지며
훔친 이슬로
목마름을 착하게 적신다

내가 타고 가야 할
단단한 수레
처음 같은 순수함과
연한 빛 떨리게 섞어
푸른 줄기 솟는 흙은 담아 보리라

맑은 물방울 방울
입에 물고
재 넘어 먼 길
봄을 뿌려 보리라
바람 부는 언덕에 앉아

국수 한 그릇

지친 몸 추스르며 앉은
공릉동 국숫집
비가 창 두드린다

움츠린 마음
따끈한 국숫발
입속으로 뛰어들고

송골송골 맺힌
이마의 땀방울
살아온 날들의 간이 든 맛이다

속박 같았던 시간
국물에 섞여
해 저무는 골목에서
꿈틀거리고

창밖에 내린 어둠 속
마지막 남겨진
익숙한 국물 한 모금
그릇에 담은 인생의 서사시

5부

가을이 가려 합니다

시월의 뜨락

낯선 구름이 찾아온
시월의 뜨락
곱게 익은 낙엽 인사를 한다

한 잎 두 잎 고개 숙이며
몸 던지는 갈색 단풍
삶의 경계 넘어
숨소리 희미해지면
한 송이 눈꽃으로 피어나라

살아가는 간절함이
아픔일지라도
끊어질 듯 흐느끼는
노을 끌어안고
익숙한 습관처럼 몸을 세워라

이파리 뱉어 내는
앙상한 나무
눈꽃 보듬은 채
핏기 잃은 눈으로
등 토닥이는 바람과
제각각 문양을 함께 만들라

한여름 내내
어떤 못 잊을 연가는
늦은 가을 위한 빈 잔이더라
왔다 가 버린
낯선 구름처럼

가을

짙어진 오색은
별빛 받아
손잡고 노래할 즈음

달빛에 걸린
빨간 눈동자
귓속말로 속삭인다

흩어져 떨어지는
너의 슬픈 내음 맡고
밤새 아파하며

흔들리는 가지에 쌓인
나의 묵은 기운
갈라진 마른 가슴 여민다

눈뜬 새벽 앞에
달 저만치 걸어가고
아프게 가을은 또 마음에 쌓여 간다

코스모스

향기에 취해
살며시 감은 눈
포근한 아리따움

가녀린 허리에
맨발의 까치발로
어깨춤 추고

손끝에 피어난
연분홍 얼굴 하나
입 벌린 여덟 입술

어디서 왔느냐
누구의 몸짓이냐
알 수는 없지만

더 넓은 창공에
빛나는 목소리는
어릴 적 동무들의 웃음이다

상념 버리고 날아 보자
하늘과 대지로
그대들의 표정과 함께

가을에 핀 내 마음

파란 하늘
겹겹이 쌓인 구름
마음에 담을 이야기 그립니다

뒷동산 어깨 위
붉게 수놓은 노을
뒷짐 진 머리에 덧칠을 합니다

고개 들고 인사하는
해바라기 순정
인기척하는 맑은 숨소리

갈색 물든 낙엽
벌레 입 자국이
뜨거웠던 어제 흔적이었나 봅니다

상처 그대로
여문 열매도 따지 않고
흔적 위에 남겨 두렵니다

내 마음 단단해질 때까지
가을에 핀 내 마음 아물 때까지

가을밤

깊어만 간다
나의 밤소리 없이
깊이깊이 더 깊이

채워지지 않는
마음의 별 되어
가슴 저리도록 익어 간다

저 많은 초록별
불 꺼진 공간에
나락이 되고

삶의 다리 위
저물어 가는 날갯짓은
아직도 목마른데

다 감지 못해
반만 감은 눈 위
어느새 백로 날아와

어제 발자국을
지나는 발길에 지워지며
이렇게 가을밤은 익어 간다

낙엽

바위틈에 누워 있는
한낮 별빛
눈에 들어온다

빨간 머리
갈색 리본 달아
사뿐히 내리는 발레리나

노란 바지 입고
보석으로 여민
반짝이는 구두 밑

순하게 자리 앉아
앞치마 동여맨
뒤엉켜 흐려진 얼굴들

마지막 가지에
손 놓아 펼치는 눈물 향연
슬픈 아름다움이다

바람에 몸 실은
새의 작은 날갯짓도
슬퍼 보인다 아름다워

가을 노을

보일 듯 말 듯
노란 은행잎
어둠 묻은 거리

들릴 듯 말 듯
풀벌레 울음소리
낙엽 이불 덮고

가슴마저 적시던
서러운 외로움
포근한 품에 안겨

불태운 꽃잎처럼
낯익은 가을
예쁘게 다가와 마음에 쌓인다

껍질 털어 낸
너의 가을
나의 노을도
낙엽 붉게 물들이며

가을 회한

자리의 안부
가을이 묻는다면
단풍이라 말할래요

걸어가는 길을
낙엽이 물어보면
붉은 산 볼래요

색 입혀진 산길
아름답게 물든 울림이
진해져 가도

볼 수 있는 눈
들을 수 있는 마음
쌓인 낙엽에 숨어

즐기지 못한 후회
손수건만 적시고

고개 넘어가는
석양의 뒷모습
외로운 너를 닮았다

당신은 나의

구름이 세상 덮어
비 내리면
우산은 내가 펼칠게요
아름다운 얼굴
얼룩지니까요

향기가 만지는 코끝
맛난 내음은
당신 먼저 맡으세요
향기 맡는 표정이
행복해 보이니까요

어둠이 밤을 칠해
보이지 않으면
내가 불 켤게요
예쁘고 여린 마음
무서울 테니까요

저무는 노을
팔을 뻗어 손 내밀면
내가 먼저 잡을게요
멀리 사라지는 얼굴
슬퍼 보이니까요

세상과 아름다운 인사
당신이 사흘만 먼저 하세요
누구에게도 맡길 수 없는
뒷정리 사흘 동안
내가 할게요
당신은 나의 전부니까요

우리가 필요로 하는

버릇없는 전등
하늘에 몰래 올라
밤의 천사 몰아낸다

빛나야 할 별들
머뭇거리며 닫는 어둠에
너그러울 수 없다

어제와 오늘을 무시한
오만한 시간
화려한 불빛 자랑질이고

천지를 치장한
형형색색 들이킨
모래성 궤변
어둠에 대한 도적질이다

본질의 시간이 폭로한
부족한 여유
절대적 가치인 밤은
지금도 말없이 걷고

사각 공간에 내려온
타인의 노래 같은
순수한 어둠
우리가 필요로 하는 쉼표였다

꽃시계

꽃시계는 지금
한 송이 장미 붉게 타올라
정오 지나 석양 향해 가고 있다

바람은 덥고
지나온 자리보다
남아 있는 자리 더 갇힌 듯하다

놓지 못해 안타까운
세월의 나이
가질 수 없어 더 갖고 싶은
시간의 자유 누가 만들었나

불러야 할 삶의 세레나데
가슴으로 흥건히 받으며
열매 붉게 물들이고

셀 수 없는 끝은
뜨거운 해를 향해
이제 그만 던져 버리자

마음에 곱게 접어 둔
하고 싶은 여정
먼 날 슬프지 않게 토닥이며

다 쓰지 못한

창틈 비집고 들어온
꿈속 벗어 놓은 기억
가늘게 떨리는 밤바람이라 쓰고 싶다

귓속 간지럽게 울리는
열여섯 첫사랑
꺼질 듯 타는 모닥불이라 썼다

잎새에 홀로 앉아 흐느끼는
자욱한 새벽안개
맑고 투명한 이슬 울려

밤 지새운
첫사랑 모닥불이
꿈속에 벗어 놓았던 기억마저 흔드니
홀로 앉아 맑은 이슬 달랠 길 없다

표정 하나에 무너져
미처 꾸지도 못한
비린 어젯밤
다 쓰지 못한 한 장의 그림엽서였다

/ 6부 /

바람이 길을 묻는다

꽃이 눈처럼 내린다

보름달 눈매
안개 같은 꽃잎
엉킨 바람에 재채기해댄다

벚꽃 활짝 웃던 밤
스치는 옷깃
흐르는 인연

여린 손으로 잡고
이슬같이 영롱한 사랑
기억 한편에 쌓아 가며

하얀 날개 달아
솜털 같은 잔잔한 떨림
작은 가슴에 새겨 둔
영원의 약속

내려다보던 달빛
거친 강물 위 지나
지금 여기까지 와 있다

추억 하는 시간
혼자가 아니라서 그런지
오늘 꽃이 눈처럼 내린다

바람이 길을 묻는다

바람이 길을 묻는다

언어를 문에 놓고
눈으로 말할 때

생각으로 날아간
침묵의 존재는

모아 둔 마음이
금이 간 창으로 지우고

모두 가 버린
텅 빈 간이역

바닥 더듬으며
의자에 앉은 흔적

길을 묻는 바람과
대답 기다린다

시간표 걸린 대합실 문
언제 열릴는지

겨울 앞에

햇살 다듬어 놓은
겨울 뜰
쓸쓸한 속삭임 앉아 있다

맨발로 걸어가는
차가운 숨 쉼은
마음에 머물고

정거장 의자 위
머뭇머뭇 뒹구는
발길 잡은 아쉬움

기쁨으로 잡았다
슬픔으로 놓았던
기다리다 가야 하는 운명의 찬가

그래도

가로등은 전봇대 잡고

밤새 서 있다

두꺼운 옷 벗고 싶다

버려진 채 떨리는 색깔들
물소리 바람 소리 들으며
담아낸 얼굴

어느 모습 어떤 웃음으로
스친다 해도
어지럽게 여울지는
어제 여운으로 흩어지고

질척이며 달라붙는 아픔
새움으로 익어 간
함부로 쉬지 않는 아쉬운 움직임

아직 아무것도 피울 수 없는
뒤척이는 껍질 속 씨앗
지금 내 안에 소중한 내일

저만치서 퍼붓는 욕심 아궁이
빈 가슴으로 재우며
혼자 두꺼운 옷 벗고 싶다

찬밥

한술 떠서 입안에 넣으니
찬밥이라
찡그리며 보챈다
태어날 때부터 식어 버린 것은 아니었다

기억 공간에 채울 수 없는
아쉬움 너무 많아
한입 꿀꺽 삼키니
어느새 찬밥이었다

목구멍 받친 땀방울
한세상
배 채우며 살아온 날들
구수한 숭늉같이 살 속으로 스며들고

어느새 벼슬이 된
갓 태어난 더운밥에게 하는

한탄스런 신세타령
어찌 이리 저럴까

뒤돌아보니
처음은
너처럼 뜨거웠는데

소나기

천장 찢어지게
소리 두드리는 사이
검은 천막 하늘 가렸다

하늘 새 성난 부리가
투명한 유리창
따갑게 쪼아대고

급조된 무리 함성
혁명이란 바람 타고
푸른 주둥이에 재갈 물린다

잠시 숨은 차광막 아래
꽃다운 청춘이 흘린 눈물
거칠게 소용 돌고

이기적인 낭만
처량한 반항에 묻혀
의혹 가득한 자존심
빛 초라하게 고개 내민다

지키고 싶은 숭고한 희생
꼬리마저 흔들고
정맥 드러낸 얼굴
살짝 몸서리치니

낮달 하늘에
보기 좋은 무지개 일어선다

살아가며

그곳은 하늘
더 높은 곳 거기도 하늘이었다

그 아래 별 잠자고
또 그 아래
구름이 흔적을 비로 남긴다

슬그머니 만져 본 촉감
상처 난 푸른 물방울
그 아래
공간 메우기에 달빛이 어둡다

시간으로 다른 시간 펼쳐
생각이 똬리 틀어
높이 가늠해 보고
펼쳐 접어 보지만

헐떡거리며 살아가는 뜀박질
폐기처분 같은 여행이다

하늘은 알까
별 새근거리며 누워 있고
구름비를 뿌린다

애써 외면하지만
낭만을 말하는 바람만
거리에서 머리카락 휘날리는 것을

그래 그러자

사랑받지 못해 안타까운 아픔 있다
절망과 부정 공포와 치욕의 조건 되어
가는 봄과 오는 여름의 징검다리 마음에 존재한다

어디까지가 줄기고 어디까지가 뿌리인지
그 경계 너와 내가 줄그었고
다름의 존재에 눈 감고
증오의 마음에 집착 심는다

일찍 우리 아무것도 아닌 질투에 매몰됐다
사랑 돌려받기 위해 투기 일삼고
녹슬어 가는 인성 물먹은 휴지 되어 감을
인식하지 못한 어리석음 간과했다

타는 냄새 나는데
검은 연기 하늘 가리는데
욕망의 뒷짐 지고

본능적 자아 불구덩이에 던지는
우를 범하고 있는지 모른다

이제 이 부정의 세상 탈취제라도 뿌려 볼까
절망과 불행의 세상에
희망과 행복의 아름다운 소방차로 불을 꺼 볼까
사실과 정직, 배려와 사랑의 씨앗 뿌려 볼까

그래 그러자

비가 오는 날이면

비가 오는 날이면
고향 집 처마 밑에
그리운 마음들 모여든다

정지문이라 쓰인 그곳
지글지글 정구지전
엄마 손맛에 부쳐지고

문 열린 사랑방
사각사각 볏짚 꼬는
아버지 굳은 손에 새끼줄 꼬리 길어진다

벽돌담에 써 놓은
순이와 철수의 순애보
옆집 형님 트럼펫 소리
전설 되어 말이 없고

타들어 가는 어버이 그리움은
어둠 내린 창밖
천둥 되어 벼락으로 친다

시간이 만지는 흔적
기약 없는 그리움으로
창을 타고 애절한 비 되어 내린다

어미를 부르며

어둠에 앉아 소리 내 우는
새끼 새 소리
마음 멈추고
정적 깨는 날갯짓

부서지는 바람
퍼덕이며 날아와
가슴이 흘린 눈물
어미의 달빛 어둠으로 씻는다

초승달 눈뜰 즈음
밤하늘 빛나는 별
방랑자의 한숨으로
이백의 술잔에 가득하고

손에 든 내 술잔에는
그리운 눈물

달빛으로 채우니
어느 밤 이리도 휘청거릴까

어미 부르는
마음 아는지
잔 비우는
저 달 그리움에 취해 간다

눈물은 이물질이 없다

밤하늘은
달과 별 섞어
임금님 수라상 차렸다

삼첩반상
마다치 않을 마음
손에 잡을 수저가 없다

가슴이 머금은 물기
소금기 더한
뉴스가 흘러나오고

돌아가는 세상사
빨간 물감 섞어
피눈물 만든다

꽃이 버리고 간
숨겨진 오감과 자태
소리로 들을 수 없듯

공간 채우는
가식의 울음소리
이기심을 자극한다

시냇물 소리
바람 소리가
살아가며 흘리는
눈물은
이물질이 없는데

목련이 말을 건넨다

봄 햇살 똑똑 노크하더니
목련이 나에게
말을 건넨다
그 긴 시간 동안
묵묵히 행주질만 했을
그대 말투가 웃고 있다

뽀얗게 얼굴 헹구고
새 아침 오기 전
달려오고 싶어
말 건네고 싶어
얼마나 부지런 떨었을까

내가 잊고 있는 동안
너는 야속했겠지
어둠이 들 때
가슴에 새날 그리며

저 들판에 덮인 눈
너와 나의 이불이라 위로했겠지

지금 이 아름다움
내가 덮어 놓은 껍질을
가슴 저린 설거지가
그대 향기 입혀
사랑으로 피어났기 때문이다

한 송이 하얀 꽃이여
그대로 인해
오늘 내일 아니 이 봄도
진정 마음이 따뜻하다

• 발문(跋文) •

고향집 아궁이에서 빚어낸 시심(詩心) 백자처럼 눈부시다

– 김리한 (시인)

여전히 소년 같은 외모, 선비처럼 단아한 기품을 지닌
구준양 시인.
훌륭한 사업가이자 문학의 길을 함께 걸어가는
다정한 문우(文友)인 그가 첫 시집을 출간하게 되었다.
부족한 내가 발문을 쓰게 되어 무척 영광스럽고
감사한 일이지만 어눌한 솜씨로 구 시인을
제대로 표현할 수 있을까?
걱정이 앞선다.

원고를 받아 그의 지난 이야기들 읽어 보았다.
어머니, 아니 엄마를 가슴에 품고 꽤 오랜 시간
홀로 견뎌 왔을 그가 너무 안쓰러워
나도 모르게 속으로 울고 있다.
그를 따라가다 보니 그 길에 정이 내리고
난 이미 젖어 있다.

그의 시에는 어머님께서 불 지피던 고향집
아궁이 냄새가 난다.
어린아이 같은 천진한 마음이 거기 묻어 있다.
그렇다고 단순히 동심에 머물러 있다는 뜻은 아니다.
원초적이고 순수한 휴머니즘에 바탕을 둔 채
질곡의 세월을 넘어왔던 것이다.

구 시인의 시는 보편적이고 일상적인 언어들로 쓰였다.
인간의 소박한 생활 속에서 예리한 시각으로 사유하고
따뜻한 상상력이 구워 내는 도자기.
이것이 바로 그가 만든 시적 에스프리다.

시인은 언어의 요리사다.
맛있는 요리를 만들어 사람들에게 나눠 주는 것이
시인의 사명이자 존재 이유다.
이제 고향집 사립문을 열고 들어가서 그가 만든 요리를 맛보자.
구 시인의 요리는 투박한 뚝배기 된장국 맛이다.
세련된 레스토랑이나 일식집이 주는 약간 부담스러움
그런 것이 없다.

얕은 냄비에
라면이 끓고 있다

자정 넘어 밤 깊어 가는데
버림받은 낙엽
흩어지며 외로이 떨어진다

찬 기운이 옆구리에 머물고
가로등 붉은빛
라면 국물에 빠진 그리움
한 올 한 올 건져 올린다

폭풍처럼 밀려오는 매콤한 시름
혼자서 호호 불다
도미노처럼 쓰러지면

찬밥 한 덩어리 집어넣고
숟가락 하나로
쓸쓸한 밤 휘휘 젓는다

몸은 불면을 쌓아 가고
벌레 먹은 낙엽 더 붉게 익어

어둠에 홀로 날려 가고
외로운 가로등 머리에
솜사탕 하얗게 내려앉으면
양은 냄비를 비운다

엄마 얼굴 담으려

–「양은 냄비」 전문

이 작품에서 시적 화자는 양은 냄비에 라면을 끓이다 문득 어느 밤으로 되돌아가 어머니를 모셔 온다. 시인의 상상력은 라면 국물에서 오래된 그리움을 건져 올린다.

"버림받은 낙엽 / 흩어지며 외로이 떨어진다" "찬밥 한 덩어리 집어넣고 / 숟가락 하나로 / 쓸쓸한 밤 휘휘 젓는다"에서 보듯 비탄적 은유로 그리움을 더욱 사무치게 만들고 있다.

"외로운 가로등 머리에 / 솜사탕 하얗게 내려앉으면 / 양은 냄비를 비운다 / 엄마 얼굴 담으려" 과거와 눈앞의 현상이 오버랩 되면서 양은 냄비에 어머니, 즉 희망을 담아내려는 시적 화자의 의지가 돋보인다.

기성세대들에게 아주 익숙한 양은 냄비가 객관적 상관물이 되어 우리 허기진 마음에 따끈한 감성을 채워 주고 있다.

그의 시는 전통적이며 향토적인 서정성을 지녔다.
과학의 발전은 생활을 고도로 복잡하고 편리하게 만들어 주었지만
우리는 여전히 숭늉을 마시고 어머님이 해 주시던 집밥이 그립다.
시대가 아무리 바뀌어도 마음은 추억에 머물러 있는 것이다.
그럼 시 한 편 읽어 보자.

넋 나간 어둠 꾸물대고 있다
비련의 주인공 된
거짓말하는 밤은
토막 난 하루 또 자르고

백열등 불빛으로 반항하는
작은 밥상 위
하얀 고봉밥 김 뿜으면
나는 그 위에서
참말을 쓰고 싶다

불완전한 형상 조각
시계 뒷걸음질로
허접스런 단어 다듬으며
평범하게 주무른
기억 속 어느 날

쓴 소주처럼 가슴 훑고
입술 부르트도록
세상 물은 몸
막걸리 당기는 것 기억한다

고봉밥 비워진 빈 곳
하얀 밤을
여분으로 남기고
포근하게 껴안아 시를 짓고 싶다
당신을 위해

—「당신을 위해」 전문

"넋 나간 어둠 꾸물대고 있다 / 비련의 주인공 된 / 거짓말 하는 밤은 / 토막 난 하루 또 자르고"

시인은 어머니의 부재(不在)가 주는 아픔을

넋 나간 어둠으로 표현하고 있다.
너무 아파서 비련의 주인공이 된 밤이 거짓말한다고도 했다.
즉 거짓말이었으면 하는 마음이었다.
그 결과로 하루를 토막 내 자르고 만다.
아쉬움과 안타까움 또는 고독과 상처가 아프게 배어 있다.
시인의 삶은 모태회귀로 압축되며
어머니는 자신을 존재하게 하는 원동력이다.

엄마 고운 얼굴
그리워하며
올려다보는 마음이
얼마나 아팠길래

힘 잃은 가지 끝
연한 살결
목이 타 울부짖는 소리
얼마나 답답했길래

한 모금 젖줄
깊이 빨아먹는
어린 아기 입술에
푸른 이파리 솟고

검은 눈 시리게

갈증 삼킨

단비 맞은 몸짓으로

던져 준 얼굴에

물보라 일으키며

흘리고 가 버린 봄비는

애타게 기다리던

너무나 적은 엄마의 사랑이었다

–「*하늘도 목을 축인다*」 전문

우리 삶에서 예술은 선물 같은 것이며
예술은 인간의 정신과 영혼을 직조하여 짜낸 옷감이다.
그는 장인의 솜씨로 독특한 서정을 짜고 있다.

고통스런 메시지를 승화시켜 다양한 방식으로 접근하고
숙명의 그림자조차 독자들에게 낱낱이 보여 줌으로
독자의 마음을 사로잡고 있다.
그럼 다시 맛깔스런 그의 요리를 맛보자.

"하얀 고봉밥 김 뿜으면 / 나는 그 위에서 / 참말을 쓰고 싶다"
여기서 하얀 고봉밥은 어머니와 시인의 연결고리다.

고봉밥의 말없는 가르침으로
시인은 애써 아픔을 삼키며 딛고 일어서려는 의지가 엿보인다.

"고봉밥 비워진 빈 곳 / 하얀 밥을 / 여분으로 남기고 /
포근하게 껴안아 시를 짓고 싶다 / 당신을 위해"
고봉밥 비워진 빈 곳을 채우는 하얀 밥은 그리움이다.
지금은 흔히 볼 수 없는 고봉밥…
그 밥 한 그릇에도 시인은 애정을 담았고 그리움을 담았다.
긍정적인 에너지는 전이되어
우리도 덩달아 따뜻한 밥이 그리워지고
어머니가 사무치게 그립다.

다음 시에서 시인의 긍정적인 의지는 더 깊어진다.

눈 내리는 밤
바람이 달빛 붙들고
길게도 칭얼댄다

살아가는 방식으로
분풀이하듯 투정부리며
아프게 애원한다

까슬까슬한 지문 깊숙이

통증의 두께

막힌 혈관 터질 듯 솟고

달빛 가린 눈발

무겁게 걸어가는

다른 길에 난 발자국 지우며

사라진 달빛 하나

사소한 흰 눈이

어울려 빚어내는 삶은 다르다

애써 지우려 하지 말자

서러워 추운가

어두워 춥기도 하니까

–「어울려 빚어내는 삶은 다르다」 전문

편리함의 추구는 결국 우리를 첨단과학의 종속물이나
노예로 만들어 가고 있다.
디지털 기기에 매몰되어 가는 불통의 시대
시적 화자는 상처를 상처로 남기지 않고 우리에게
희망이라는 메시지를 던지고 있다.
소통하는 삶으로 새로운 이정표를 보여 주려는 노력이

시인이 지닌 긍정적 에너지이다.

어느덧 가까이 더 깊숙이
채워지듯 타들어 가서
말라 가는 시간

인정머리 없는
타락의 정서와 공감은
꽃이란 이름으로 피고

낯선 단어와
거친 언어로
여린 민낯에 칠한 수식어들

말없이 다가오는 선택은
생각의 의문에
흑과 백 강요하는

온통 위선인 그 작업대에도
등 두드리는 물 한 모금
군더더기 없는 따뜻한 위로가 된다
생각이 아픈

노란 병아리의

어미 찾는 날갯짓

—「노란 병아리 날갯짓」 전문

삶에서 진리는 무엇인가?
그것은 멀리 있는 것이 아니라 우리 가까이
바람처럼 머물고 있는지도 모르겠다.
시인은 병아리 날갯짓으로 어미를 찾는다.
소박한 꿈을 꾸며 아주 사소함으로
이데아의 본질에 도달하려는 의식이 표출되어 있다.
단순한 몸짓에서 고도의 정신작용을 유추하게 하는
시인의 탁월한 감각이 돋보인다.

세월 두께만큼 깊은 달관의 경지에 이른
시인의 시적 미학을 살펴보자.

사랑받지 못해 안타까운 아픔 있다
절망과 부정 공포와 치욕의 조건 되어
가는 봄과 오는 여름의 징검다리 마음에 존재한다

어디까지가 줄기고 어디까지가 뿌리인지
그 경계 너와 내가 줄그었고

다름의 존재에 눈 감고
증오의 마음에 집착 심는다

일찍 우리 아무것도 아닌 질투에 매몰됐다
사랑 돌려받기 위해 투기 일삼고
녹슬어 가는 인성 물먹은 휴지 되어 감을
인식하지 못한 어리석음 간과했다

타는 냄새 나는데
검은 연기 하늘 가리는데
욕망의 뒷짐 지고
본능적 자아 불구덩이에 던지는
우를 범하고 있는지 모른다

이제 이 부정의 세상 탈취제라도 뿌려 볼까
절망과 불행의 세상에
희망과 행복의 아름다운 소방차로 불을 꺼 볼까
사실과 정직 배려와 사랑의 씨앗 뿌려 볼까

그래 그러자

– 「그래 그러자」 전문

구준양 시인은 어머님에 대한 그리움과
사회적 약자에 대한 연민이 남다르다.
주목받지 못하고 소외된 삶을 따뜻한 감성으로 보듬는다.
그의 향토색 짙은 서정성과 풍부한 감성은 독보적이며
긍정적 메시지로 희망을 가득 담고 있다.
그는 이런 실천 의지를 작품 속에 투영하여 보여 주고 있다.

전통적 서정과 어울린 현실 인식의 알레고리가
구 시인의 시에 나타난 주된 특징이다.
전통 서정 안에서 자연과 교감을 이루고
질곡의 세월을 인내하며 다져 온 시인의 내공이 돋보인다.

시 세계가 밝은 것은 물론 희망의 메시지를
등댓불처럼 밝혀 주는 그의 시를 보면서
그가 우리 문단에 우뚝 설 것임을 확신하는 바이다.
구 시인이 빚고 구워낸 도자기가 우리 곁에서 말없이 빛나
고 있다.